De l'éducateur au comportementaliste canin

Mémento

Olivier Lhote

We are each others environment. Let's make it SR+

(Chacun de nous est l'environnement des autres. Rendons le SR+).

Susan G. Friedman, Ph.D

À Stéphanie, mon soleil et rigoureuse correctrice

À Mila, qui m'a tant appris,

À vous, Jon Snow, Arya et Elsa qui continuez de m'enseigner le monde canin.

Remerciements tous particuliers au Docteur Audrey Charlot (vétérinaire et comportementaliste, pour la confiance qu'elle me porte et le partage de son expertise).

Remerciements au Docteur Susan Friedman pour son extraordinaire pédagogie et sa science du comportement.

Sommaire

PRÉFACE

Il me fait plaisir d'introduire ce magnifique ouvrage rédigé par mon ami, éducateur-comportementaliste canin. Dans le monde complexe de l'éducation canine, il est rare de trouver un guide aussi précieux que le mémento que vous tenez entre vos mains. Dans cet ouvrage, la rigueur est le maître-mot, guidant chaque ligne comme une laisse bien tenue. Il a méticuleusement compilé ces procédures comportementales avec une précision presque chirurgicale. Chaque mot est pensé, chaque méthode est soigneusement élaborée, reflétant une dévotion inébranlable envers l'art de comprendre nos amis canins.

Olivier, fort de son expérience, nous offre un itinéraire clair à travers les méandres des défis comportementaux, avec des conseils pratiques et des solutions bien étayées. Au fil de ces pages, vous découvrirez que sa rigueur ne se traduit pas seulement par des instructions claires, mais aussi par une profonde compréhension des mécanismes complexes du comportement canin. C'est un voyage structuré à travers l'univers des chiens, où chaque étape est minutieusement planifiée pour conduire à une relation équilibrée.

Préparez-vous à être guidé avec une main ferme, mais accompagné d'un sourire complice, dans l'aventure captivante de la compréhension canine. Que ce mémento devienne le compagnon fidèle de tous les éducateurs canins, les inspirant à redéfinir constamment l'art de la communication canine et à ouvrir de nouvelles portes vers une compréhension et un respect mutuel !

Dr Audrey Charlot,
Vétérinaire Comportementaliste

INTRODUCTION

Ce livret est un mémento. Il est composé d'une centaine de pages et il représente un condensé des savoirs, méthodes, et procédés employés par les comportementalistes dans leur recherche de modification des comportements. Il est articulé sous forme de fiches que l'on pourra consulter tout au long d'une carrière. Un bénévole de refuge ou une personne désirant se former ou étant déjà en cours de formation y trouvera un excellent outil de synthèse des procédés en matière comportementale.

Je suis comportementaliste et je vous livre ici une boîte à outils simplifiée au maximum dans le but de devenir votre vade-mecum, à lire puis feuilleter avant un examen ou pour se rafraîchir la mémoire. Les éducateurs non encore formés au comportement y trouveront une première base solide, d'où le titre : de l'éducateur au comportementaliste canin.

LE COMPORTEMENTALISTE

Ce qu'il n'est pas : un psy pour animaux.

Bien que nombre de sites professionnels et de noms d'entreprises d'éducation canine associent des appellations telles que psy ou psycho aux noms chien, dog, cani, etc. le métier n'a absolument rien à voir avec celui de psychologue ou psychiatre. Un psy pour chiens existe peut-être, je ne sais pas, mais une chose est sûre, il n'est pas comportementaliste. Ce dernier étudie le comportement et non le psychisme.

Le comportementalisme est un mouvement créé au début des années 1900 selon des principes clairs s'opposant justement à ceux de la psychologie introspective. Personne ne peut prétendre savoir ce que pense un individu.

Le 21 août 1909, Freud et Jung embarquent sur le George-Washington, le paquebot qui va les conduire à New-York. Freud n'a pas le vent en poupe outre Atlantique. Le comportementalisme va justement apparaître en réaction au caractère subjectif de la psychologie introspective prônée par Freud. A l'opposé de ce type de psychologie, John Broadus

Watson, en 1913, défend une psychologie ex-périmentale et surtout objective selon trois principes, qui sont la base de son travail et donc de ce livret :

Un comportement doit être :

observable, mesurable et prédictible.

Les comportements privés, non observables, peuvent bien intéresser qui l'on veut, ils ne font pas l'objet d'études par le comportementaliste.

POURQUOI APPELER UN COMPORTEMENTALISTE ?

Les propriétaires d'animaux domestiques qui font appel à nos services, le font pour une seule raison : la modification d'un ou plusieurs comportements. Considérons l'éducation, la rééducation, le training ou le sport canin : dans tous les cas, il s'agit toujours d'augmenter les comportements souhaités et réfréner les comportements non désirés.

Ainsi donc, les problèmes comportementaux peuvent être vus comme des questions d'occurrences. Si un chien s'en prend à un congénère, on peut étudier la chose en termes d'occurrences : le fait-il dans 100% des cas ou 80% ou encore 50% des cas ? Si nous amenons l'apparition du comportement à 0% des cas, nous avons réglé le problème.

Si nous parvenons seulement à 10%, est-ce acceptable ? Cette manière d'appréhender le comportement permet de rejoindre les principes de départ. Nous devons mesurer les comportements et donc le nombre de fois où ils apparaissent. La suite de la démarche consistant à augmenter les chances d'apparition du bon comportement et diminuer les chances d'apparition des comportements jugés inacceptables.

LES APPROCHES DU COMPORTEMENT

Les différents modes d'approches :

Un comportement peut être envisagé selon différentes approches. La plus connue est probablement l'approche médicale, c'est-à-dire vétérinaire. Elle consiste en une consultation, un diagnostique et un soin. Pour nous, comportementalistes, elle représente la première entrée dans la hiérarchie des procédures. Idéalement, nous devons nous assurer que l'animal sur lequel nous allons travailler est en parfaite santé. Il va de soit que la moindre douleur peut générer un comportement inhabituel voire dangereux. Lors d'un premier bilan, le comportementaliste doit s'assurer d'un bon suivi vétérinaire et d'une consultation récente si le comportement est lui aussi récent et soudain. Il ne peut en aucun cas réaliser lui-même cette approche médicale, à moins d'être à la fois vétérinaire et comportementaliste.

Une autre approche est celle liée à l'éthologie, c'est-à-dire l'étude scientifique du comportement animal dans son milieu naturel ou dans un environnement expérimental. Cette discipline est une combinaison de sciences de laboratoire et de terrain, en lien étroit avec la zoologie, l'écologie comportementale (ou écoéthologie) et la sociobiologie. On a parfois tendance à confondre éthologie et comportementalisme alors que les deux sont complémentaires. L'éthologie renseigne souvent sur les besoins spécifiques à une race définie, mais le comportement ne s'explique pas toujours par l'éthologie. Exemple type : c'est bien l'éthologie qui vous informe sur ce qu'est un chien de berger, sur ses besoins et ses comportements particuliers, mais un jour ou l'autre, on vous appellera pour un chien de berger présentant des comportements rares pour sa race. L'éthologie s'adresse au groupe, à la race, tandis que le comportementalisme est l'affaire d'un individu.

Une autre approche : la science du comportement

Il existe bien d'autres approches du comportement tels que l'approche génétique, biologique, neurologique, etc. Il existe enfin l'approche comportementaliste. Aux États-Unis, où le mouvement Behavioriste est né, on parle de « science of behavior change ». La modification du comportement est bel et bien une science à part entière. C'est de cette science que traite ce mémento.

Pour espérer modifier un comportement, le professionnel a donc recours à des procédures scientifiques, testées, étudiées, admises et à une hiérarchie de ses procédures.

La science du comportement a maintes fois démontré que les conséquences d'un comportement sont les éléments les plus importants pour déterminer l'occurrence du comportement. Mais nous verrons aussi l'importance de l'environnement. La science qui utilise les techniques dérivées du behaviorisme s'appelle l'Analyse Appliquée du Comportement (ABA en Anglais - B pour Behavior). L'ABA est aujourd'hui préconisée par la haute autorité de santé dans le traitement des troubles autistiques de l'enfant et l'adolescent.

COMPORTEMENT DÉFINITION

Ce que n'est pas un comportement

Pour travailler sur un comportement, il est nécessaire de le définir. On pensera que j'enfonce ici une porte ouverte. Mais il est fréquent que la description globale de l'agissement remplace le comportement. C'est ainsi qu'un client vous dira souvent : je vous appelle parce que mon chien présente un mauvais comportement : il est agressif.

L'expression « il est agressif » ne constitue pas un comportement. C'est une étiquette posée sur le comportement pour l'identifier et en parler plus simplement. C'est un concept. Quand je vous dis que mon chien est agressif, vous vous faites aussitôt une idée du comportement, mais il ne s'agit pas du comportement.

Ce qu'est un comportement

Mais alors, qu'est ce qu'un comportement ? Vous le découvrirez en interrogeant votre client. Dites-moi exactement ce que fait votre chien, donnez-moi un exemple précis, décrivez-moi la situation et l'action ou la réaction du chien, etc. En règle générale, ce qui commence par « mon chien est » ou « mon chien a » n'est pas un comportement. Mon chien a peur ou mon chien est peureux n'est pas un comportement. Le comportement doit ressembler à ceci : quand on est dans la rue, si quelqu'un s'approche de nous, un peu trop près, mon chien saute sur la personne en claquant des dents. À partir d'une telle phrase, vous pouvez affiner votre travail. Attention aussi aux raccourcis du type : il a voulu mordre la personne. Clairement, vous n'en savez rien. Un chien qui veut mordre, réussit souvent son coup. Il a peut-être donné un avertissement en claquant des dents juste à côté de la main. Conclusion, restez factuel et demandez à votre client de l'être.

Souvenez-vous, en quelques lignes, que :

✔ Un comportement continue parce qu'il « marche ».

✔ Il apparaît pour une raison donnée.

✔ Il s'arrête quand il devient inefficace.

✔ La majorité des comportements sont des comportements appris.

QUELQUES NOMS REPÈRES

Ivan Pavlov

Né en 1849, Pavlov dévoile par ses expériences, les processus de base du conditionnement répondant (que nous verrons plus bas). Il démontre qu'un réflexe (comme la salivation) peut être conditionné à un stimulus neutre.

Edward Thorndike

Né en 1874, Thorndike décrit la loi de l'effet. Selon cette loi, un comportement qui a un effet favorable sur l'environnement ou l'individu, a plus de chance de se reproduire. Le célèbre chat de Thorndike, enfermé dans une cage et faisant face à de la nourriture, ouvre la cage de plus en plus rapidement, car il garde en mémoire les tentatives qui ont fonctionné..

John Watson

Né en 1878, Watson affirme que le comportement observable est le sujet approprié de la psychologie. Il lance le mouvement Behavioriste et décrit une psychologie de stimulus-réponse dans laquelle le comportement est contrôlé par l'environnement.

Burrhus Frederic Skinner

Né en 1904, Skinner élargit le domaine du comportementalisme décrit par Watson. Le travail de Skinner est le fondement de la modification du comportement. Il clarifie l'idée selon laquelle, la conséquence d'un comportement contrôle la probabilité des prochaines occurrences.

VIVRE

Expérimenter l'environnement.

Sans environnement, il n'y a pas de comportement ! Ici encore, cela ressemble à une banalité, mais l'environnement est trop souvent mis de côté. J'entends trop souvent que tel chien agit parce que sa race lui impose d'agir de la sorte. Il a mordu parce que c'est un Staff ou un Malinois.

La génétique ne crée pas un comportement. Vous pouvez encadrer cette phrase. La génétique prédispose à un comportement. mais c'est bel et bien l'environnement qui donne le signal.

Un individu quel qu'il soit, dès qu'il le peut après sa naissance, n'a de cesse de chercher à contrôler son environnement. Il expérimente son environnement. Il fait des choix comportementaux et gardera les comportements selon les conséquences de ses choix. C'est une définition simple de la vie.

Vivre c'est expérimenter l'environnement, c'est faire des choix comportementaux.

Comportement et apprentissage

L'apprentissage n'est rien d'autre que la mémorisation des conséquences de nos choix. Nous passons donc notre vie à nous comporter et à retenir les comportements qui nous ont rapporté quelque chose. Nous rejetons les comportements dont les conséquences nous ont été néfastes. C'est cela l'apprentissage.

Nous apprenons tout au long de notre vie. Nous pouvons donc retenir deux choses importantes :

La presque totalité des comportements sont des comportements appris.

Nous pouvons désapprendre un comportement.

Si vous comprenez que comportement et apprentissage sont complètement liés, alors, vous admettez par là même, que la modification d'un comportement relève bien plus de l'apprentissage que du dressage. Ce détail sémantique est important. Il permet de ramener les animaux sur lesquels nous travaillons à un statut d'apprenant et non plus d'animal à soumettre à un ordre.

En résumé intermédiaire nous rappelons que :

- ✔ Vivre c'est se comporter.

- ✔ Il existe deux sortes de comportement : privés (secrets, cachés) et publics donc observables.

- ✔ Un comportement appris est un comportement modifiable.

- ✔ Sans environnement, pas de comportement.

- ✔ Sans conséquences, pas de comportement.

- ✔ Un comportement doit être mesurable.

LES DIMENSIONS DU COMPORTEMENT

Puisqu'un comportement est mesurable, il possède des dimensions.

Les dimensions mesurables

Elles sont au nombre de 4.

Fréquence

Vous pouvez mesurer la fréquence d'apparition du comportement. Par exemple sur un temps donné : combien de fois mon chien se lèche-t-il la patte en une heure ?

Durée

La durée est, elle aussi, une dimension mesurable. À partir du moment où le comportement débute, combien de temps dure-t-il ?

Intensité

Avec quelle intensité le comportement est-il présenté ? Cette mesure n'est pas toujours facile à prendre. Il faudrait mesurer l'engagement, la force physique impliquée etc. Mais dans le cas d'un chien, on peut mesurer le niveau sonore d'un aboiement par exemple.

Latence

Enfin, nous pouvons mesurer la latence. C'est-à-dire le temps écoulé entre un événement (un signal dans l'environnement) et l'apparition d'un comportement. Quand le chat bouge, le chien déclenche immédiatement ou bien une seconde plus tard.

Un comportement dit public ou externe peut être mesuré, enregistré, décrit. L'enregistrement est une étape fondamentale pour ne pas avancer à l'aveugle et corriger ce qui ne marche pas ou au contraire, souligner les gains d'une action mise en place.

Reste, que l'observateur doit être formé un minimum, pour que l'enregistrement soit fiable et efficace.

LES ÉCUEILS DE L'OBSERVATEUR

Puisque le comportement qui intéresse le comportementaliste doit être observable, cela nous transforme en observateur. Or, être un observateur digne de ce nom nécessite un degré certain d'objectivité. Par ailleurs, il faut d'emblée souligner que la présence de l'observateur perturbe et modifie souvent le comportement. On parle à ce titre de « réactivité ». Je sais bien que dans le monde canin, la réactivité s'utilise plutôt pour désigner la tendance d'un chien à réagir de manière un peu trop impulsive à un stimulus donné. Mais en ABA, la réactivité est la tendance de l'individu observé à modifier son comportement quand il se sait observé.

Le comportementaliste doit tenir compte de cet état de fait. D'autres écueils et non des moindres interfèrent dans notre travail.

La recherche des causes

C'est un fait indéniable, nous aimons chercher les causes. Que dis-je, nous raffolons de ces enquêtes. Il est probable que notre historique scolaire soit le responsable. Tous les problèmes mathématiques ou autres, qu'on nous a posés, ne semblaient être résolvables qu'en trouvant les causes. Le problème en comportementalisme, c'est que trouver la cause ne donne en rien la solution. Vous partez en courant quand vous voyez un serpent, au risque de vous faire écraser. Je dois modifier votre comportement. Je découvre après un bilan sérieux, que vous avez été mordu par un serpent il y a deux ans. Youpi ! J'ai trouvé la cause. Est-ce que cela m'aide à modifier votre comportement ? Absolument pas. Autre problème, si je trouve la cause d'un comportement, rien ne prouve qu'il n'existe pas une ou plusieurs autres causes. Rien ne me prouve non plus, que je ne me suis pas trompé. Lorsque vous travaillez sur un chien de refuge, le grand jeu de la recherche des causes prend une partie de la séance. Et clairement, cela ne sert à rien.

L'amour des fictions

Eh oui l'humain est créatif. Quand nous ne trouvons pas la cause des comportements, nous les inventons. Tel chien est peureux (ce qui, je le rappelle n'est pas un comportement), nous lui inventons une fiction : il a dû être battu. Oh oui, c'est certain, regarde ses yeux etc. Ce type d'exemple ne vous est pas inconnu. Vous avez forcément entendu ces conclusions-ci, et peut-être vous reconnaissez-vous un peu.

Nous aimons ce que nous aimons

Encore un trait terriblement humain et qui nous conduit au-delà du comportement. Nous aimons ce que nous aimons. Qu'est-ce à dire ? Disons, que nous tournons en boucle. Nous nous entourons des gens qui ont les mêmes idées que nous, qui ont trouvé les mêmes cause. Et surtout nous fuyons les arguments opposés. C'est encore un frein à une observation objective.

Le mentalisme, introspection chez l'autre

Dernier écueil, pour lequel j'ai un faible : le mentalisme. Que vient faire ici le mentalisme ? C'est cette capacité, ce talent, dont nous nous affublons, de pouvoir lire les pensées de l'autre et même des animaux. Vous voyez, là, Madame, votre chien se demande s'il va attaquer le chat ou pas. Mieux encore (et je pense que vous avez probablement entendu cette phrase) : ne me regarde pas de cette façon, je sais ce que tu penses ! Oui, le mentalisme est un écueil sérieux. Nous aimons nous projeter dans la tête de l'enfant, l'animal, sur lequel nous travaillons. Et nous perdons ainsi toute objectivité. Nous devons nous souvenir que l'ABA est une science et en conséquence, nous devons rester le plus à l'écart de ces modes de pensée pour espérer garder une attitude objective et neutre.

ENVIRONNEMENT ET CONSÉQUENCES

Nous avons vu plus haut que l'environnement donnait le signal à l'individu de se comporter de telle ou telle façon. Maintenant, nous allons voir que le comportement a un impact en retour sur l'environnement.

Deux façons d'apprendre

Apprentissage répondant

C'est bien à Pavlov que nous devons la découverte de l'apprentissage répondant, noté S-R pour Stimulus Réponse. L'apprentissage répondant ne concerne que les comportements réflexes. Le froissement du sac de croquettes est associé au repas qui suit. Le chien salive donc au son du sac, bien avant de voir les croquettes. Ce stimulus (le bruit du sac), au départ neutre prend la même signification que la croquette elle-même.

Noté qu'au départ, les croquettes sont des stimuli inconditionnels. Quoiqu'il arrive, elles feront saliver le chien. Après association, du bruit du sac et du repas, ce même bruit fera saliver. De stimulus neutre il est passé au statut de stimulus conditionnel.

On notera S-S-R pour Stimulus-Stimulus-Réponse.

> Ce qu'il faut surtout retenir, c'est que dans ce cas, l'individu apprend de nouveaux déclencheurs, rien de plus.

Apprentissage opérant

Un comportement fait naître une conséquence qui modifie le comportement futur ou en fait surgir un autre. Cette seconde possibilité est souvent oubliée. On considère souvent qu'un comportement aura tendance ou non à se reproduire selon la qualité conséquences. Mais prenez le cas, où vous sonnez à une porte. Si la sonnerie ne fonctionne pas, le comportement n'est donc pas adapté. Vous changez alors de comportement et vous frappez sur la porte.

Autre situation, vous frappez à la porte et comme personne ne vient ouvrir, vous criez, ou bien vous prenez votre téléphone.

De ce fait, ce qu'il faut souligner ici, c'est que l'individu apprend un *nouveau* comportement, ou bien apprend à *modifier* le premier.

Exemple tiré du monde canin : je ne veux plus que mon chien réclame mon attention en me sautant dessus. Je me désintéresse de lui. Son comportement ne « marche » plus, il change donc de stratégie : il aboie.

L'ABC ET L'ANALYSE FONCTIONNELLE

On ne le répétera jamais assez, l'environnement joue un rôle incontournable dans l'apparition d'un comportement.

Dans l'environnement, il existe, soit un déclencheur, soit un signe ou indice. Les deux sont différents.

Le déclencheur génère un comportement réflexe. Par exemple le poivre me fait éternuer, le vent me fait fermer les yeux, la vue d'un chien active une montée d'adrénaline chez le chat (c'est bien un comportement réflexe).

L'indice envoie un message à l'individu. Ce message dit : selon ton propre historique d'apprentissage, tu devrais te comporter de telle ou de telle façon. Par exemple, la présence d'un homme est le signal donné à mon chien de grogner, car dans le passé, les grognements lui ont permis de faire reculer des hommes menaçants. Il s'agit de comportements appris.

> **En clair :**
>
> ✔ Déclencheur puis réflexe (comportement répondant)
>
> ✔ Signal puis comportement appris (opérant)

ABC du comportement

L'ABC est en général la connaissance ou le principe des éléments de base d'un domaine. Dans notre cas, l'ABC est un acronyme lancé par Skinner, donc en anglais (ce qui explique que je ne mets pas les accents). Vous l'avez intégré maintenant, behavior signifie comportement.

A pour Antecedents

B pour Behavior

C pour Consequences

Antécédents

Nous divisons les antécédents en deux groupes les antécédents lointains que nous appellerons: « background » et les antécédents immédiats que nous nommerons simplement antécédents.

À quoi l'ABC nous sert-il ? Il nous permet de poser une situation avant d'évoquer une hypothèse. L'articulation de cet acronyme s'accompagne en anglais d'un autre acronyme : EBE, qui signifie :

Environment - Behavior - Environment.

En somme, je dois vérifier, avant de poser une hypothèse que mon ABC est bien un EBE. C'est-à-dire que les antécédents et les conséquences se déroulent bien dans l'environnement de l'individu qui propose le comportement.

Vous y verrez plus clair en avançant.

Le **background** n'est pas le passé lointain de l'individu (du chien par exemple) mais plutôt ce qui se passe avant l'action. Le background, pour nous, n'est pas l'historique du chien.

L'antécédent est l'environnement qui cache le signal du comportement.

Voici un exemple d'un ABC complet :

Background : Laura s'absente deux heures chaque matin et elle rentre vers midi.

Antécédent : Elle ouvre la porte de la maison

Behavior : Son chien saute sur elle.

Conséquences : Laura l'enlace et l'embrasse

Vous comprenez mieux maintenant le principe de l'ABC. Mais j'ai volontairement écarté les articulations qui donnent leur sens à ce principe. Je les réintègre :

Background : Laura s'absente deux heures chaque matin et elle rentre vers midi.

Antécédent : **Quand** Elle ouvre la porte de la maison

Behavior : **Si** son chien saute sur elle.

Conséquences : **Alors** Laura l'enlace et l'embrasse

Grâce à cette articulation, nous pouvons établir une prédiction et une hypothèse. Souvenez-vous qu'un comportement doit être prévisible.

La prédiction est simple. La prochaine fois que Laura rentrera, le chien sautera-t-il sur elle ? La réponse est oui, puisqu'il reçoit des caresses.

On comprend mieux que ce sont les conséquences qui influent sur le comportement.

L'analyse fonctionnelle

Un comportement a toujours une fonction et dans nos analyses nous devons toujours chercher la fonction du comportement cible. Lorsque la conséquence permet au comportement de remplir sa fonction, elle devient renforçatrice bien sûr.

Chaque matin, vous tournez la clé dans le démarreur de votre voiture parce qu'elle démarre. Dans le cas inverse, vous abandonnez ce comportement et vous appelez le garagiste.

Mais dans cette fiche, nous voulons surtout évitez une confusion. Une relation fonctionnelle n'est pas une relation de cause à effet.

Voici un exemple pour chaque, commençons par :

la relation de cause à effet :

Il pleut donc les trottoirs sont mouillés.

La relation fonctionnelle :

Quand le soleil brille dans le ciel

Si je sors dans le jardin

Alors je bronze

Vous reconnaissez la structure et vous voyez que je bronze, non pas à cause du soleil, mais en fonction de mon choix d'aller dans le jardin, (même si j'ai besoin du soleil).

À ce stade, retenez le schéma ABC proposé par Skinner : Quand, Si, Alors (prédiction puis hypothèse).

Ce schéma transforme la sempiternelle question pourquoi l'individu montre-t-il ce comportement ? En : Pour quoi, dans quel but ? Ce retournement de pensée ouvre la porte à une possibilité de modification du comportement. Ce n'est pas le pourquoi qui compte mais le « quand », à quel moment ? Ainsi, pouvons-nous jouer sur l'environnement du moment et sur les conséquences (le Alors).

COMMENT CLASSER LES CONSÉ-QUENCES ?

Les conséquences répondent à trois principes :

1/ Tout d'abord, ce qu'elles procurent (un renforcement positif, négatif, sensoriel, un sentiment de contrôle, de choix, sentiment de pouvoir sur les choses, réussite face à un problème, goût de la variété etc.)

2/ Le moment de l'occurrence de la conséquence : immédiat, demain, futur éloigné ou proche.

3/ La probabilité de l'occurrence : combien de chances avons-nous de voir apparaître la conséquence du comportement.

Imaginez un bateau à trois voiles. Cette embarcation est un comportement. Pour la faire voguer, idéalement, il faudrait jouer avec les trois voiles. La première voile représente le caractère de la conséquence (positif ou négatif, et plus loin, nous verrons ce que signifient ces mots). La deuxième voile est le moment d'apparition de la conséquence, la troisième la probabilité de la conséquence, est-elle certaine ou incertaine.

Pour que le bateau navigue (c'est-à-dire pour que le comportement perdure dans le temps) il faudrait que les 3 voiles soient gonflées à bloc. Ce qui équivaudrait à une conséquence Positive, Immédiate et Certaine. C'est ce que j'appelle un **"Pic"** de vitesse.

Conséquence positive

Oubliez tout de suite le sens commun du mot positif, celui selon lequel les choses positives qui nous arrivent, sont agréables, bonnes etc.

En sciences du comportement, positif ne signifie qu'une seule chose : additionnel.

Une conséquence positive est une conséquence qui s'ajoute dans l'environnement de l'individu.

Conséquence négative

Vous en déduisez que la conséquence négative est une conséquence qui se soustrait à l'environnement de l'individu qui propose le comportement.

Reste à savoir si ces conséquences positives ou négatives vont renforcer le comportement.

Le renforcement

Une conséquence est renforçatrice si elle augmente les chances d'un comportement de se produire à nouveau. Il est absolument crucial de comprendre que la conséquence n'est pas renforçatrice en soit, c'est l'individu (notre chien par exemple) qui décide qu'elle est ou non renforçatrice.

Un bout de saucisse n'est pas renforçateur en soi. C'est le chien qui décide.

Comment puis-je savoir que la saucisse ou toute autre friandise, ou toute autre conséquence est renforçatrice ? Réponse : a posteriori seulement.

Faites très attention à cette distinction. Vous pouvez donner autant de saucisses que vous voulez à un chien, si ce n'est pas le bon renforçateur, vous risquez de conclure que le chien est têtu ou je ne sais quoi. Alors, que vous n'avez pas su trouver la conséquence renforçante.

Je finirais cette fiche avec deux exemples très éclairants. Le premier illustre le renforcement positif.

1/ Quand vous appuyez sur l'interrupteur, la lumière apparaît. Il y a donc quelque chose en plus dans votre environnement. Comme l'apparition de la lumière était votre but et rejoint la fonction du comportement, cette conséquence devient renforçatrice. Il s'agit bel et bien d'un renforcement positif. Le comportement va perdurer dans le temps. Si l'ampoule grille et que ce type d'ampoule n'est plus vendu, votre comportement va s'éteindre. Vous appuierez trois quatre fois par habitude et vous arrêterez.

> À retenir : quand la conséquence répond à la fonction d'un comportement, elle est renforçante.

2/Un constructeur d'automobiles souhaite renforcer le comportement suivant chez les conducteurs : accrocher sa ceinture de sécurité. Il met en place un système tel que si vous roulez sans ceinture, une alarme sonore retentit. Comme ce son est désagréable, vous finissez par boucler votre ceinture. Ce comportement a pour conséquence d'enlever l'alarme de votre environnement (Négatif) et comme désormais vous allez mettre votre ceinture pour éviter le son, votre comportement est bien effectivement renforcé. Nous sommes en présence d'un renforcement négatif

> **Résumé**
>
> Positif désigne une conséquence ajoutée dans l'environnement.
>
> Négatif désigne une conséquence retirée de l'environnement.

Renforçateur désigne la propriété d'une conséquence par laquelle le comportement aura tendance à
se reproduire.

Si l'on peut renforcer un comportement, peut-on
l'affaiblir ? Oui. Nous parlons alors de punition (terme
qu'il faudra absolument définir). Nous voyons cette
notion plus loin. Vous devinez déjà, que nous verrons
des punitions positives ou négatives sur le même principe que les renforçateurs.

L'OBSERVATION

Principes et techniques

Puisque le comportementaliste souhaite modifier un comportement, il n'a d'autres solutions que de commencer par l'observer. L'observation répond à des principes et des techniques pour être menée à bien.

Quel est l'intérêt d'une observation fine et d'un enregistrement des comportements ? Cela nous donne un point de repère fixe qui remplacera avantageusement une sensation.

Je ne sais pas si mon chien a fait des progrès quand il rencontre des hommes. Parfois oui parfois non. C'est le type de propos qu'un client peut vous tenir. Mais si vous avez enregistré précisément les dimensions du comportement, vous pouvez répondre avec finesse. Notre chien montre des signes d'agression quand un homme se tient à trois mètres, plus d'une minute, une fois sur trois. Avant notre intervention, il montrait les dents systématiquement quand un homme apparaissait à cinq mètres. Les données nous permettent de continuer l'action thérapeutique ou de la modifier.

Dimensions du comportement

Nous les avons citées plus haut, elles sont au nombre de 4 et ce sont elles que nous allons observer :

Durée du comportement
Latence
Distance
Intensité

Types de mesure

Les types de mesure vont dépendre de ce que l'on observe : le comportement produit ou la production elle-même. Le marquage urinaire, par exemple, laisse des traces que je peux aisément comptabiliser. En revanche, enregistrer l'intensité d'un aboiement nécessite du matériel audio et probablement un logiciel permettant de définir la hauteur du son à l'écoute.

Observation directe

Dans la plupart des cas, nous nous contentons d'une observation directe et c'est aussi ce que nous demandons à nos clients. Les outils sont alors simplissimes : papier, crayon, chronomètre et compteur. Avant de passer la main à notre client, qui deviendra avec le temps, le principal observateur, il est nécessaire de le former à l'observation de terrain.

On peut observer des comportements ciblés dans une situation donnée, par exemple une mise en situation : comptabiliser le nombre de fois où le chien aboie quand il croise un congénère.

On peut aussi enregistrer des données en continu. Ce qui ne signifie pas nécessairement de l'observer H24. On établira alors une feuille de route qui présentera les éléments suivants :

Nom de l'observateur, nom de l'animal, la date et l'heure des observations, le lieu du comportement, le comportement observé et ses occurrences. On se réservera également une colonne pour inscrire des notes personnelles. Un enregistrement général peut révéler des résurgences de comportements et donner des pistes de travail qui conduiront ensuite à une observation d'un comportement ciblé.

Enregistrement des observations

On peut donc enregistrer des comportements en continu mais lorsqu'un comportement apparaît trop fréquemment il est souhaitable de découper le temps en intervalles et de noter les occurrences. Votre feuille d'enregistrement présentera par exemple les occurrences d'un comportements entre 10 heures et midi et 16 heures et 18 heures. Vous pourrez ensuite comparer les plages horaires et en tirer des conclusions.

Comment collecter les données ?

Idéalement, sur papier, puisque nous travaillons le plus souvent en extérieur. Vous pouvez préparer un tableau type qui reprend les données administratives, ainsi que le ou les comportements ciblés et prévoyez des cases pour les occurrences. Dans l'exemple ci-contre, le chien Duke a grogné 9 fois durant sa balade au parc, alors que le stimulus dérangeant (un congénère) n'était qu'à 5 ou 6 mètres de lui. Ce schéma, qui est la ligne de base fera référence lorsqu'on voudra comparer le comportement après mise en place d'une thérapie.

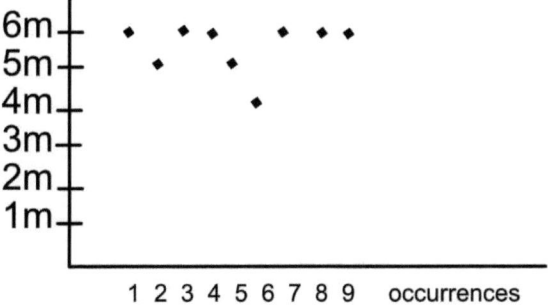

Nom du chien : Duke
Nom du référent : Marie P.
Nom de l'observateur : idem
Comportement ciblé : grognement
Lieu : parc
Date : 14/3/23

Le second schéma démontre la modification du comportement après un début de thérapie menée sur un mois, avec le même chien, même comportement. La ligne verticale en pointillés est appelée ligne de phase. Elle sépare l'avant et l'après thérapie.

Le schéma est une aide précieuse pour garder la motivation du référent. On voit clairement que Duke accepte que les congénères l'approchent quelque peu. Il grogne quand ils sont à 3 ou 2 mètres de lui.

Nom du chien : Duke
Nom du référent : Marie P.
Nom de l'observateur : idem
Comportement ciblé : grognement
Lieu : parc
Date : 15/4/23

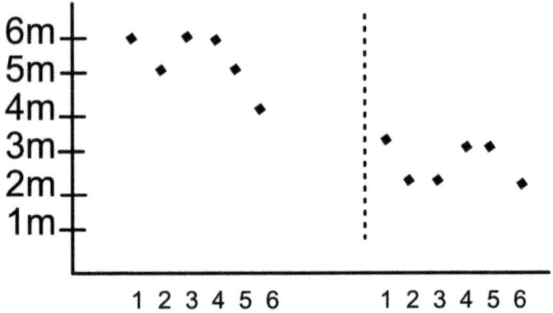

Fiabilité des données et des observateurs

Évidemment se pose le problème de la fiabilité de l'observateur . L'observation requiert un minimum de pratique. Notre souci en comportement canin est que le chien passe plus de temps avec son référent qu'avec son éducateur. Il faudra donc songer à former un minimum votre client. Au-delà de la formation, il faudra aussi le motiver à s'exercer puis plus tard à collecter les données.

La meilleure des configurations reste celle où référent et éducateur observent et enregistrent en même temps les comportements ciblés. Ils peuvent ensuite comparer les données et ne garder que les comportements notés par les deux.

Enfin, il est nécessaire de prendre en compte ce que nous appelons la « réactivité ». Vous connaissez ce terme dans un autre contexte : la réactivité congénères par exemple. Dans le cas présent, la réactivité se définit comme une modification de comportement liée à la présence d'un observateur. C'est la situation classique d'un inspecteur d'académie dans une classe. Les enfants ne se tiennent pas comme d'habitude, ils perdent leur naturel. Idem chez le chien. Parfois des clients souhaitent vous montrer ce qu'ils obtiennent de leur chien mais « ça ne marche pas, quand vous êtes là ».

On prendra donc en compte l'effet de réactivité dans les séances d'observation et d'enregistrement des données.

Le travail d'enregistrement de données nécessiterait un ouvrage à lui seul. Ce livret n'est qu'un aide mémoire comme nous l'avons dit. Il vous ouvre également des portes vers de nouvelles façons de travailler.

L'ANALYSE FONCTIONNELLE

Retour sur l'analyse fonctionnelle pour creuser le rôle de l'environnement et des conséquences.

Souvenez-vous que l'analyse nous conduit au schéma ABC.

Les Antécédents renvoient directement à l'environnement. Dans l'étude des problèmes comportementaux, vous devez porter votre attention à l'environnement car vous y trouverez souvent les sources de comportements perturbés. La sous-stimulation, c'est-à-dire le fait de ne pas recevoir suffisamment d'attention fait surgir des comportements indésirables chez le chien comme chez l'enfant d'ailleurs. Notez que la sur-stimulation provoque l'apparition de comportements gênants. Autre exemple, l'environnement fait naître des attentes qui vont amener à se comporter de telle ou telle façon.

C'est à ce stade, que l'on fera appel à l'éthologie pour vérifier si des besoins spécifiques au chien ou à certaines races sont réellement couverts. En règle générale, lors d'un primo bilan, les comportementalistes collectent des informations sur le lieu de vie (topographie), la fréquence du comportement, la durée, l'intensité, l'impact sur l'environnement, les renforçateurs naturels, l'efficacité des comportements, l'existence de comportements fonctionnellement équivalents...

En somme, vous êtes responsable de l'environnement, que ce soit pour faire surgir le comportement souhaité ou affaiblir le comportement indésirable.

Puis vient le Comportement (Behavior). Vous devez le définir le plus précisément possible, faute de quoi votre travail sera inefficace.

Enfin les Conséquences. C'est l'autre volet important de votre Analyse Fonctionnelle. Nous l'avons vu plus haut, certaines conséquences feront que le comportement aura tendance à se reproduire, d'autres affaibliront le comportement.

Un comportement perdure s'il est renforcé. Ou si vous préférez « s'il marche ».

Trouvez le renforçateur qui maintient le mauvais comportement, tuez-le, et le comportement s'éteindra, touché par la loi de l'extinction.

Simple en théorie, plus difficile en pratique, soit parce qu'il existe plusieurs renforçateurs, soit parce que vous n'avez pas accès au renforçateur. Par exemple, si l'aboiement de votre chien est renforcé par la réponse du cocker qui habite à une dizaine de maisons de chez vous, le renforçateur est hors de portée.

Il faudra passer par un autre biais pour contrarier l'aboiement, probablement la mise en place d'une procédure de renforcement différentiel. Nous en parlerons plus loin.

LE RENFORCEMENT

Il est essentiel de consacrer toute une fiche au renforcement. Le renforcement n'est pas une technique de travail. Le renforcement est un événement naturel. Toute votre vie, vous faites des choix comportementaux et ces choix ou ces comportements ont des conséquences. C'est comme ça, vous n'y pouvez rien. Basiquement, votre chien « fait des trucs » et si ça en vaut la peine, il les fera à nouveau. Et encore plus basiquement, votre chien va vers ce qui lui plaît et fuit ce qui lui déplaît. Si sa démarche lui permet d'obtenir ce qu'il veut, il reconduira cette démarche. Et si son comportement de fuite est efficace, il le reproduira également. Nous l'avons vu, tous les comportements qui existent sont obligatoirement renforcés quelque part. Comprendre ce qui peut être renforçateur nous aidera dans la mise en place d'un comportement et sa réapparition future.

Notions de base

Soyons clairs d'emblée, ce n'est ni le comportementaliste, ni l'éducateur, ni le référent, ni le vendeur de friandises qui décide de ce qui est renforçateur. C'est le chien (ou tout individu apprenant) ! Et personne d'autre. Certains chiens sont gourmands, d'autres non. Certains chiens aiment les saucisses quand d'autres préfèrent le fromage ou même les fruits.

> Il n'existe qu'une façon de savoir si une action, une friandise ou simplement une conséquence est renforçatrice, c'est de constater que le comportement a plus tendance à se reproduire, donc a posteriori.

Point de vocabulaire :

Le renforcement désigne l'opération que nous mettons en place pour espérer voir un comportement apparaître plus probablement.

Le renforçateur est l'agent qui permet de mettre en œuvre l'opération de renforcement.

Types d'agents renforçateurs

Le plus souvent les renforçateurs sont classés en deux catégories : primaires et secondaires. Les renforçateurs primaires sont liés à la survie de l'individu ou celle de son espèce : nourriture, eau, chaleur (quand on a froid), fraîcheur (quand on a chaud) et sexualité.

On dit aussi que ce type de renforçateur ne dépend pas d'une association avec un autre renforçateur. Les renforçateurs secondaires quant à eux, sont liés à un autre renforçateur, souvent primaire. Il s'agit des marques d'attention, d'approbation, d'affection etc. Dans d'autres ouvrages on vous parlera de renforçateurs artificiels et renforçateurs naturels. Les premiers désignent ceux que l'on met en place pour renforcer un comportement cibles. Les seconds sont les renforçateurs présents dans la nature. On peut les utiliser mais le plus souvent ils agissent contre nous. Quand vous travaillez le rappel du chien en le renforçant avec un bout de viande, vous êtes en concurrence avec l'odeur d'un chevreuil caché dans un bosquet. Quel comportement le chien choisira-t-il ? Courir vers vous ou vers le gibier ?

Sélection des renforçateurs

De même que chaque chien est une étude de cas individuelle, la recherche de renforçateurs doit être individualisée. Il n'existe qu'une manière de trouver le bon renforçateur : le tester. L'enrichissement de l'environnement du chien est une excellente méthode pour comprendre ce qui le motive et où se nichent ses préférences. Par ailleurs, plus un environnement est riche et moins les comportements problématiques apparaissent. Il y a donc deux bénéfices à enrichir l'environnement du chien. Quand un éducateur travaille avec le même renforçateur pour tous les chiens, il se prive d'un panel de possibilités autres. Quoiqu'il en soit et même sur un seul individu il est préférable d'utiliser de nombreux types de renforçateurs primaires. Faire découvrir des saveurs nouvelles aux chiens permet de découvrir des renforçateurs puissants.

Utilisation des renforçateurs R+ :

Réfléchir au type / au nombre / à la durée du R+ / à l'intensité.

La règle est la variété.

Un renforçateur doit être immédiat et sûr

Pour nous assurer un maximum de réussite, nous devons respecter deux critères : la contingence (ce qui peut être ou ne pas être) et la contiguïté (ce qui touche). Dit autrement : le renforçateur doit être reçu au plus près du comportement et, lors de la mise en place du comportement, de manière certaine. Grâce à ces deux caractéristiques, le chien peut associer aisément le renforçateur à son action et nous la proposer à nouveau, s'il se sent motivé.

L'ENTRAÎNEMENT

L'approche comportementale de l'éducation canine installe le chien dans un statut d'apprenant à qui l'on enseigne des comportements. Nous ne sommes donc pas dans une approche de soumission de l'animal. Nous ne parlons même plus d'éducation mais d'enseignement, puis d'entraînement. Il s'agit en effet d'enseigner un comportement cible, puis d'entraîner le chien à reproduire ce comportement à la demande et dans n'importe quel contexte.

D'un point de vue neuronal, lorsqu'un cerveau apprend, il active les neurones de différentes zones. Les neurones qui s'activent au même moment se connectent et seront, de cette façon, sûrs de s'activer ensemble lors de la prochaine activité similaire. Le cerveau enregistre ainsi les conditions de l'apprentissage, c'est-à-dire le contexte. Lorsqu'un apprentissage semble acquis, il est donc toujours souhaitable de continuer les exercices de temps à autres et de les éprouver dans différents contextes. On sait également que l'appel à la mémoire favorise l'ancrage d'un apprentissage. En d'autres termes : faire des tests réguliers (chez l'humain) est plus efficace que de relire ses leçons. Mettre le chien en situation et lui laisser le temps de réfléchir, l'oblige à se remémorer l'exercice et ainsi le mémoriser plus durablement.

PROGRAMMES DE RENFORCEMENTS ET MAINTIEN DES COMPORTEMENTS

Nous parlons de programme dans la mesure où il s'agit d'établir des règles de distribution des renforçateurs et leur agencement.

Programme de renforcement continu

Un programme de renforcement continu est une bonne chose pour l'établissement d'un comportement. C'est la période dite d'acquisition. On renforce chaque occurrence du comportement souhaité. Toutefois, ce type de programme a ses limites. Dans le cas d'un renforçateur primaire, l'individu arrive vite à satiété. Lorsque le comportement est véritablement acquis, il n'y a pas de raison de continuer ce programme. Chez l'humain, certains comportements sociaux doivent être renforcés de manière continue. Lorsque vous adressez un bonjour à un voisin, vous attendez un bonjour de sa part. Ce bonjour est un renforçateur. Lorsque ce renforçateur disparaît, le comportement s'éteint. Si votre voisin ne vous répond plus, vous cessez de lui dire bonjour.

Programme de renforcement intermittent

Dans les programmes intermittents, les renforçateurs ne suivent pas les occurrences des comportements cibles. Le renforçateur est attribué de façon aléatoire ou selon des programmes de ratio ou d'intervalles. L'immense intérêt des programmes de renforcements intermittents est d'éviter la satiété d'une part et d'autre part d'obtenir un comportement plus résistant à l'extinction. De manière logique, si votre voiture ne démarre jamais du premier coup mais parfois au bout de cinq essais ou dix ou douze, vous apprenez à ne pas vous décourager et à insister quand elle ne démarre pas. C'est la même chose pour le chien, lorsque le comportement souhaité est renforcé par intermittence.

Programme ratios

Dans ce type de programmes, le renforçateur est donné selon un ratio lié à la présentation du comportement. Par exemple, le chien reçoit une friandise tous les trois rappels réussis. Dans ce cas, nous parlons de ratios fixes. On peut également définir des ratios variables. Le comportement cible sera alors renforcé une fois sur deux puis sur quatre puis sur sept etc. On comprend que le ratio variable est plus efficace que le ratio fixe, en matière d'ancrage du comportement.

Programme intervalles

Cette fois l'apparition du comportement cible n'est pas prise en compte dans les règles d'attribution du renforçateur. Deux sous-programmes existent là aussi, fixes ou variables. A intervalles fixes, on renforcera toutes les x secondes ou minutes. Ce programme permet de renforcer la tenue d'une position. Dans le programme à intervalles variables, le renforçateur est distribué toutes les x puis y, puis z secondes. L'individu n'a alors aucun repère pour prédire le renforçateur. Il s'agit du programme le plus efficace pour enseigner une station sur place. L'exemple type de ce type de renforçateur est celui du chat qui s'allonge sur un radiateur disposant d'un thermostat. Quand le radiateur se met en pause, le chat reste car il sait qu'à un moment donné, le radiateur va chauffer de nouveau.

LES GUIDANCES

Obtenir d'un chien un comportement qu'il ne connaît pas encore n'est pas une chose facile. Pour cette raison, nous faisons appel à des guidances comme nous le faisons avec nos enfants en bas âge. Ces guidances répondent à des caractéristiques précises.

Les guidances aident à l'enseignement ; elles doivent être retirées le plus vite possible et elles sont combinées à un programme de renforcement.

On dénombre plusieurs types de guidance : physiques, verbales, gestuelles, par modelages (shaping) et environnementales.

Certaines lignes de conduite ont été suggérées avec le temps et la recherche. Notamment, opter pour les guidances les moins intrusives, combiner les guidances si l'on peut, sélectionner des guidances naturelles et celles reliées au comportement et enfin réfléchir au moyen d'estomper la guidance avant de la mettre en place.

Guidances verbales et gestuelles.

Il est important de bien différencier la guidance verbale et l'encouragement. Avance, pose la patte, monte, sont des guidances verbales. Alors que, Ouiii, encore, vas-y, sont des encouragements. Guidances et encouragements ont des fonctions distinctes. Les encouragements peuvent brouiller l'émission des guidances. Avec la guidance verbale, je dois être certain que l'animal comprend bien ce que je veux lui signifier. La guidance gestuelle, très utilisée dans le monde animalier permet d'amener l'individu à un certain point ou une certaine position. Les guidances sont efficaces pour l'enseignement de comportements complexes et s'utilisent lors d'un chaînage, que nous détaillons plus bas. Si je veux apprendre à un petit chien à appuyer sur un interrupteur et qu'il connaît déjà les commandes « monte » (sur une chaise) et « pose les pattes», alors ces consignes peuvent être des guidances vers le comportement « allume ». La guidance gestuelle est plus facile à appréhender. Dans le milieu canin, elle peut porter aussi le nom de « luring ». On guide alors le chien avec un bout de nourriture. Mais la démarche est la même avec une main ouverte si le chien y est habitué.

Le modelage ou shaping

Il s'agit ici de découper l'objectif final en micro-objectifs et de renforcer les différentes variations de chaque proposition. Dans l'esprit, on ne produit jamais deux fois exactement le même comportement. Il existe toujours une variation. L'éducateur doit donc être attentif à ces variations et renforcer les variations intéressantes pour la suite du programme. Si le comportement cible est d'opérer un tour sur soi, on commencera par renforcer le simple fait de regarder à droite par exemple puis lorsque le chien regarde facilement sur sa droite, on sélectionnera et renforcera uniquement s'il regarde un peu plus à droite et en arrière, jusqu'à ce qu'il regarde franchement derrière lui. Le processus est répété jusqu'à ce que le chien fasse un tour complet. A ce moment-ci, on lui signifiera que c'est le comportement que nous voulions.

L'imitation

Quand il est possible de la mettre en place, elle est une excellente guidance. Avec les enfants c'est un outil merveilleux. Avec un chien, on peut s'appuyer sur un congénère déjà formé au comportement souhaité. Dans ce cas on renforcera le comportement obtenu ou bien une variation de ce comportement pour l'affiner ensuite par modelage.

Les guidances physiques

On peut bien sûr guider un individu physiquement mais il faudra respecter le principe de moindre intrusion. Prendre la patte d'un chien pour lui apprendre le « donne la patte » est souvent réalisé par les enfants. Appuyer sur les reins d'un chien pour obtenir un assis est discutable dès que l'on fait usage de la force.

Les guidances environnementales

Elles sont assez subtiles et permettent d'offrir au chien la sensation de contrôle. Si je veux enseigner la marche en arrière à mon chien, il est avantageux de l'amener dans un passage étroit (par exemple rétrécir mon couloir par une barrière) et le faire reculer en marchant vers lui. Le couloir étroit l'empêche de faire demi tour, ce qu'il ferait spontanément. La marche arrière est alors renforcée, tout en posant la consigne « recule ». Il suffira ensuite d'élargir progressivement le couloir en gardant le même comportement. Agir sur l'environnement est souvent le meilleur des biais pour agir sur un comportement, lorsque cela est possible.

L'estompage

Nous avons dit plus haut que l'une des caractéristiques de la guidance était de disparaître au plus vite. C'est l'estompage. En anglais on parle de fading. Il existe plusieurs manières de réduire les guidances. Dans le paragraphe précédent je vous invitais à agrandir l'espace du couloir à mesure que le chien performait, c'est une forme d'estompage. Au bout d'un temps d'entraînement, le chien a l'espace nécessaire pour un demi tour mais préfère reculer puisque c'est ce qu'on lui demande. On peut alors enlever complètement la barrière et parler réellement d'apprentissage. On pourrait aussi imaginer l'estompage en plaçant la barrière de manière à ce que le couloir soit de plus en plus large. En début de couloir, le chien n'a pas d'autre choix que reculer, et en fin de couloir, on constate s'il fait demi tour ou non. Voici un autre exemple. L'enfant prend la patte du chien pour lui apprendre à la donner sur commande. Puis au bout de quelque temps, il tapote seulement la patte au lieu de la soulever. Enfin, il présente la main et attend que le chien y dépose sa patte. C'est un estompage décrois-sant.

On peut aussi mettre en place la procédure in-verse. Demander la patte. Si le chien ne s'exécute pas, on montre notre main ouverte. Si le résultat n'est pas obtenu, on tapote la patte du chien et enfin, on soulève la patte. La fois d'après, le chien réagira peut-être avant le dernier indice.

Conclusion

Pour voir apparaître un comportement non en-core connu de l'individu, il est primordial de définir le comportement cible. Puis réfléchir aux meilleures gui-dances à mettre en place. Instaurer le cycle : guidance, comportement, renforcement et estompage. Et bien sûr analyser les résultats obtenus.

FAÇONNAGE ET CHAÎNAGE

Il permet de mettre en place des conduites complexes, nous l'avons vu plus haut. Le principe est donc de valoriser et renforcer des approximations successives du comportement cible. La vraie difficulté réside dans la définition du comportement choisi. Nous avons tendance à être gourmand ou impatient. Il faut donc viser un comportement que l'animal peut atteindre pour éviter de le mettre en échec. La méthode consiste donc à découper nos objectifs en objectifs simples et réalisables. A l'intérieur de ces strates, on peut alors renforcer les variations jusqu'à obtention d'un premier objectif puis passer au second et ainsi de suite. Quand un objectif est atteint dans 80% des cas, on peut passer au suivant et ne plus renforcer le précédent.

Cette méthode n'est pas toujours facile à mettre en place. Comment un chien peut-il atteindre un comportement cible si nous renforçons des approximations ? C'est tout le problème. En fait, nous parlons de variations pour cette raison. Certaines variations d'un même comportement nous rapprochent du comportement cible. C'est celles-ci qu'il faut renforcer. La distinction est souvent fine et demande de la pratique et de l'observation. Par ailleurs, si le chien ne présente rien de plus, il est envisageable de cesser les renforçateurs jusqu'à ce qu'il produise un autre comportement ou une autre variation.

Le chaînage

Il permet la réalisation de comportements élaborés, dans la mesure où il consiste en la succession de plusieurs comportements distincts les uns des autres. Il faudra donc, ici, enseigner plusieurs comportements et les enchaîner. Je pourrais apprendre à mon chien à ouvrir le placard, à décrocher sa laisse et enfin me l'apporter. Trois comportement à réaliser dans l'ordre mais qu'on enseignera séparément. Une consigne englobera le tout : va chercher ta laisse ! Dans le chaînage, rien ne nous empêche d'enseigner chaque comportement avec guidage et façonnage. Mais au moment du chaînage, on ne renforcera que la totalité des actions. En général, les éducateurs (pas forcément canins) enseignent en chaînage avant. Les enseignants ou les parents apprennent à leurs enfants à compter jusqu'à dix, en commençant par un. Lorsqu'on le peut, il est souhaitable d'établir un chaînage arrière. C'est-à-dire commencer par la fin. On enseignera à l'enfant les derniers chiffres : 8,9,10. Puis dans un deuxième temps, on lui apprendra 5,6,7. Et de lui-même, il finira de compter. Et chez le chien ? Admettons, que vous lui appreniez à passer les portes d'un slalom. Commencez par la dernière et renforcez. Puis passez à l'avant-dernière et enchaînez avec la dernière. Donnez le renforçateur uniquement après franchissement de la dernière porte. Pour la suite du slalom, le chien va vite comprendre qu'il doit filer en dernière porte pour obtenir son renforçateur. Le chaînage arrière fait gagner beaucoup de temps quand on peut l'instaurer.

MODIFICATION DES COMPORTEMENTS

Nous avons vu comment faire produire par un animal, un comportement inconnu de lui. Nous allons désormais nous consacrer à la disparition des comportements gênants et parfois dangereux.

Avant d'avancer dans cette voie, je voudrais rappeler qu'un individu, sur cette terre, n'a de cesse de vouloir contrôler son environnement. C'est légitime puisque cette quête est liée à sa survie. L'humain est lui-même dans cette démarche depuis son apparition. Nous avons évoqué le renforcement. Et bien, nous devons comprendre que la sensation de contrôle est probablement l'un des renforçateurs les plus puissants. Gardons cette idée à l'esprit. Modifier un comportement en agissant sur l'environnement par exemple, laisse le contrôle à l'animal, qui accepte plus facilement les changements. Cette manière de travailler permet d'éviter le recours systématique à la punition.

Les degrés de liberté selon Goldiamond

A ce stade, je renvoie le lecteur aux travaux d'Israël Goldiamond. Les degrés de liberté selon Goldiamond se réfèrent à la variété des façons dont un organisme peut répondre à son environnement. En termes simples, imaginez que vous ayez plusieurs options pour réagir à une situation donnée, et bien, Goldiamond soutient que cette diversité de réponses possibles est essentielle pour l'adaptation et le bien-être.

Pour illustrer, imaginez qu'une personne doive traverser la route. Les degrés de liberté incluraient la possibilité de courir, marcher rapidement, lentement, de s'arrêter, de changer de direction, etc. Selon Goldiamond, plus une personne a de choix de comportements dans une situation, plus elle est capable de s'adapter efficacement à son environnement.

En résumé, les degrés de liberté sont une manière de décrire la flexibilité et la diversité des réponses d'un individu à son monde, soulignant l'importance d'avoir plusieurs options comportementales pour s'ajuster aux défis variés de la vie quotidienne.

Ce point étant souligné, nous savons que la meilleure façon d'obtenir le consentement d'un animal, est de lui offrir un environnement avec plusieurs possibilités de comportement. Bien sûr, la chose n'est pas toujours possible. Vacciner une autruche de parc zoologique en pleine grippe aviaire nécessite de faire vite et l'on n'obtiendra pas rapidement le consentement de l'oiseau. Mais dans un autre contexte, on pourra tout à fait habituer l'oiseau à se présenter pour venir chercher sa piqûre.

La hiérarchie des procédures

Pour sortir de l'éternel débat sur l'éducation en renforcement positif et l'usage de la punition, il est bon de considérer nos procédures selon une hiérarchie qui place en dernier step la punition.

En premier lieu, nous devons nous assurer qu'un vétérinaire a vu l'animal sur lequel nous travaillons. Un dysfonctionnement, une douleur, peuvent engendrer un comportement non souhaité. La base est donc de faire consulter pour écarter toutes pistes médicales. Dans un second temps, il est bon de se pencher sur l'environnement, qui nous l'avons dit, donne le signal au comportement d'apparaître. Que pouvons-nous modifier dans l'environnement ? Toujours grâce à l'environnement pouvons-nous faire surgir un bon comportement ? Oui. Alors nous devons le renforcer positivement. Si ce n'est pas suffisant, nous pouvons passer à la mise en place de renforcements différentiels.

> **Hiérarchie des interventions**
>
> Niveau 1 Visite vétérinaire
>
> Niveau 2 Environnement
>
> Niveau 3 Renforcement +
>
> Niveau 4 Renforcement différentiel

Le renforcement différentiel

Le renforcement différentiel (nommé DR, pour garder la nomenclature de la littérature scientifique) est mis en place pour éviter le recours à la punition. Et nous verrons plus loin pourquoi. Si vous vous souvenez de la définition du renforcement négatif (la ceinture de sécurité) vous allez comprendre que la punition est un renforcement négatif pour celui qui punit. Le son de l'alarme m'ennuie, donc je boucle ma ceinture. Ce chien aboie, donc j'envoie du courant électrique. Du point de vue du chien, bien sûr c'est une punition positive (j'ajoute du courant dans son environnement).

Le principe du différentiel est de mettre en place un comportement ayant la même fonction que le comportement désagréable et le renforcer, dans le même temps où l'on organise l'extinction du comportement gênant. Par exemple : le chien gratte à la porte pour rentrer. Je lui apprends le assis. Puis j'enseigne que le « assis » ouvre la porte aussi bien que le « grattage », mais qu'il a l'avantage de rapporter une friandise. Si parallèlement, je protège ma porte, je peux laisser le chien gratter sans m'inquiéter. Ainsi, j'incite le chien à s'asseoir. Le comportement « gratter » ne rapporte plus rien, il va donc s'éteindre de lui-même. Et nous répondons à la fonction « ouverture de porte » en proposant le assis. Le chien va finir par opter pour le assis. Nous avons résolu le problème par un DR et sans avoir recours à la punition. Ce DR étant alternatif au comportement désagréable, on l'appellera DRA.

Le DRI

Sur le même principe, on parlera de Renforcement Différentiel Incompatible. Certains chiens arrêtent d'aboyer lorsqu'ils se couchent et les deux comportements sont incompatibles. Encore une fois, cela dépend des chiens. On peut donc mettre en place un « couché » performant qui permettra de demander au chien de se taire. Dans le domaine de l'ABA plus réservé à l'humain, il existe d'autres types de DR (DRO, DRL.. O pour Other behaviors, L pour Law rate of responses) mais ces DR ne rentrent pas dans l'objet de ce mémento du comportementaliste.

Comme dit précédemment, toute la technique du DR réside dans l'affaiblissement du comportement indésirable et du renforcement du comportement cible souhaité. Ignorer le comportement indésirable revient le plus souvent à établir une procédure d'extinction, dont nous allons parler maintenant.

L'EXTINCTION

Selon la loi de l'extinction, un comportement qui n'est plus renforcé, ou plus simplement qui ne fonctionne plus à tendance a s'éteindre. Souvenez-vous qu'un **comportement a toujours une fonction**, si les conséquences du comportement répondent à cette fonction, alors le comportement perdure. Dans le cas inverse, il montre une tendance à s'éteindre. Cette tendance est variable selon certains critères liés à l'apprentissage. On parle de résistance à l'extinction.

Résistance à l'extinction

Lorsqu'un apprentissage a été réalisé et renforcé sous programme de renforcement intermittent, le comportement montre une résistance plus forte à l'extinction. D'une certaine manière, cette résistance est normale, elle assure notre survie. Si vous savez que, parfois, vous trouvez des champignons à un certain endroit, le fait de ne pas en trouver un matin ne va pas provoquer l'extinction du comportement. Vous y retournerez. Le chien qui mendie à table et ne reçoit que rarement un bout de pain, continuera de réclamer longtemps car potentiellement, il peut en obtenir un autre. Mettre en place une procédure d'extinction sur ce type de comportement apporte peu de réussite, puisque l'on sait que le comportement a été renforcé de manière aléatoire et va montrer une forte résistance à l'extinction.

La procédure d'extinction en pratique

Soyons clair, une telle procédure ne devrait jamais être mise en place seule. Primo, parce que quelques fois le comportement se renforce par lui-même. Un chien peut prendre plaisir à ronger un pied de table sans que ce soit pour attirer notre attention ou par anxiété. Mordiller peut être un plaisir en soi. En second lieu, le comportement ayant une fonction, si vous le laissez s'éteindre, vous ne répondez pas au problème de la fonction. Si le chien n'obtient plus votre attention en aboyant, il risque de passer à un autre comportement « qui marche ». Par exemple pincer. Le problème avec la procédure d'extinction, c'est qu'il est difficile de la tenir sur la durée. Vous pouvez ignorer votre chien qui aboie, mais s'il aboie de plus en plus fort, vous allez craquer et le faire taire. Dans ce cas, vous aurez renforcé le comportement à sa plus haute intensité. Le chien vient d'apprendre qu'il devait aboyer fort pour avoir votre attention.

La règle : la mise en place d'une procédure d'extinction devrait être accompagnée d'un DRA ou d'un DRI.

Lorsqu'un individu est en déficit d'attention, c'est-à-dire de renforçateurs extérieurs, il finit par s'adonner à des activités solitaires qui se renforcent par elles-mêmes. Faire cesser ces comportements devient alors très compliqué car nous n'avons pas la main sur ces renforçateurs internes.

Lorsque ce même individu recevait de l'attention et n'en reçoit plus, il va insister dans son comportement. On parle ici d'effet rebond ou Burst d'extinction. C'est à cause de lui que vous ne tiendrez peut-être pas votre procédure jusqu'au bout.

Enfin, vous n'êtes pas à l'abri de voir apparaître une démarche émotive voire agressive. Lorsque l'ascenseur est en panne, vous insistez en appuyant frénétiquement sur le bouton et... Vous vous énervez. Le chien s'énerve lui aussi, quand l'un de ses comportements ne rapporte plus ce pour quoi il avait été mis en place.

Résurgence et récupération

La résurgence est l'apparition pendant l'extinction d'un comportement   permettant d'obtenir les mêmes renforçateurs. On emploie à ce titre les termes de substitution de symptômes. Votre chien aboyait pour obtenir votre attention, désormais il se lèche la patte de manière compulsive. Cela est signe que nous avons oublié de mettre en place un DR. Ce second comportement doit lui aussi être éteint, mais cette fois nous mettrons en place un DR performant.

La récupération dite spontanée est la réapparition du comportement censé s'éteindre et se traite comme le phénomène de résurgence.

En résumé : La récupération spontanée est la réapparition du comportement cible. La résurgence est l'apparition d'un comportement autre, mais ayant la même fonction. Le tout, durant une procédure d'extinction.

LA PROCÉDURE DE PUNITION

Plus communément appelée punition, elle fait débat depuis des années. Le terme est particulièrement propice à des interprétations qui ne facilitent pas les échanges.

Pour rappel, en comportementalisme, la punition n'est rien d'autre qu'une conséquence qui affaiblit le comportement, c'est-à-dire qu'à sa suite, le comportement aura moins tendance à se produire.

Dans le langage commun, la punition est synonyme de correction, châtiment, répression, etc.

Ajoutez à cela, ce que nous avons déjà vu, à savoir que positif signifie ajout dans l'environnement et négatif, retrait de 'environnement. Vous obtenez un non-sens quand vous parlez de punition positive au sens commun. Une répression n'est pas très positive, n'est-ce pas. Autre problème, la punition au sens commun est parfois renforçatrice. Prenez le cas d'une fessée attribuée à un enfant qui est en mal d'attention. Il n'aura de cesse de faire des bêtises si la fessée qu'il reçoit est la seule marque d'attention qu'on lui donne.

> En clair : punir c'est affaiblir le comportement par ajout ou retrait du stimulus qui suit le comportement.

Le retrait de stimuli agréables

Nous sommes ici dans le principe de punition négative. Nous avons tous, un jour, puni un enfant de cette manière. Cela consiste à retirer le renforçateur du comportement. Quand l'enfant joue trop bruyamment, on lui retire son jouet. Dans le milieu comportementaliste, on parle du coût de la réponse. Cette manière d'affaiblir le comportement peut fonctionner mais produit des dégâts que nous évoquerons plus bas, comme des troubles émotionnels, de l'agressivité ou l'évitement du punisseur. Retirer l'os du chien parce qu'il grogne ne sera pas du goût de l'animal, qui se méfiera à l'avenir du référent perçu comme voleur.

Time out

Également appelée mise à l'écart de la situation agréable ou encore mise au calme, cette procédure est intéressante si la présence de l'éducateur (ou du référent) est renforçatrice. Ou encore si la présence dans un groupe est renforçatrice. Dans une situation donnée et dès présentation du comportement gênant, le chien est mis à l'écart pour une période extrêmement brève, de l'ordre de quelques secondes. Faute de quoi, le chien risque de présenter un autre comportement désagréable (défoncer la porte, aboyer…) que nous pourrons difficilement gérer. Imaginez que le chien aboie derrière la porte. Si vous ouvrez, vous renforcez son aboiement. Un Time Out de cinq secondes est un maximum.

Quelques règles pour rendre le Time Out efficace :

Rendre l'environnement le plus riche possible, pour que la soustraction à cet environnement soit pénalisant.

Prévoir une durée courte.

Répéter la procédure plusieurs fois si le comportement cible persiste (le cerveau apprend par répétition).

Ne pas élever la voix, ne pas crier sur le chien, ne pas lui parler au retour du Time Out qui se suffit à lui-même.

Présentation de stimuli aversifs

Ou si vous préférez : punition positive. Le principe du stimulus aversif existe dans la nature et d'une certaine façon a le mérite de rendre claire la différence entre un « bon » et un « mauvais » comportement. Mettre la main dans une ruche n'est pas la bonne méthode pour récupérer du miel. Mon acte est aussitôt corrigé et je ne le ferai plus de si tôt.

Inconditionnés ou conditionnés

Pour comprendre la différence entre un stimulus aversif conditionné et un stimulus aversif non conditionné, il est important de comprendre quelques termes.

Le stimulus aversif non conditionné est un stimulus qui provoque une réaction négative ou aversive de manière innée, sans nécessiter d'apprentissage. En d'autres termes, une chose qui est naturellement désagréable ou effrayante pour la plupart des individus sans avoir besoin d'apprendre à l'associer à quoi que ce soit d'autre. Par exemple : toucher une flamme chaude. La sensation de chaleur intense est naturellement aversive, et personne n'a besoin d'apprendre à craindre cela.

Le stimulus aversif conditionné est un stimulus qui devient aversif en raison de son association avec un stimulus aversif non conditionné ou par apprentissage. C'est le cas d'une chose qui n'est pas naturellement désagréable, mais qui devient désagréable après avoir été associée à une expérience négative à plusieurs reprises. Si une personne a été piquée par une abeille (stimulus aversif non conditionné), elle peut commencer à associer la vue d'abeilles (stimulus aversif conditionné) à une expérience désagréable, même si les abeilles ne sont pas intrinsèquement effrayantes.

En résumé, le stimulus aversif non conditionné provoque une réponse négative innée, tandis que le stimulus aversif conditionné est quelque chose qui devient aversif après avoir été associé à une expérience négative.

Problèmes liés à la punition

Effets associés

La punition génère l'évitement, l'aversion généralisée, la réduction d'activité, l'agression.

Le soucis de la punition est qu'elle procure des résultats (avec des dégâts latéraux) et que ces résultats renforcent l'action de celui qui punit. Lorsque les résultats obtenus ne sont pas durables, l'individu qui punit a tendance à durcir la punition, ce qui finit par aggraver la situation de départ.

La punition trouve ses limites dans le fait qu'elle ne détecte pas les renforçateurs du comportement cible. Ce qui signifie que vous pouvez punir sévèrement un comportement, si celui-ci est fortement renforcé, la punition aura un effet limité en intensité et en durée.

Comment éviter la punition

La punition permet d'affaiblir un comportement mais ne permet pas d'enseigner un comportement nouveau. Si un comportement se produit régulièrement, c'est qu'il existe un ou des renforçateurs. L'analyse fonctionnelle doit vous aider à les dénicher. Évincer ces renforçateurs permet d'affaiblir le comportement cible. En parallèle, la mise en place d'un DRA ou d'un DRI enseigne le comportement de substitution;

APPRENTISSAGE GÉNÉRALISATION ET MAINTENANCE

Les principes de généralisation et de maintenance de l'apprentissage sont deux concepts importants dans le domaine de l'apprentissage et du conditionnement, et ils jouent un rôle crucial dans la durabilité des compétences acquises.

Principe de Généralisation

La généralisation se produit lorsque l'individu étend une réponse apprise à des stimuli similaires mais non identiques à ceux utilisés lors de l'apprentissage initial.

Par exemple, si un chien apprend à s'asseoir sur commande dans la cuisine, le principe de généralisation permettrait au chien de généraliser cette compétence à d'autres endroits de la maison, comme le salon ou la chambre. Cela signifie que le chien comprend que la commande "assis" s'applique dans des contextes similaires, même s'ils ne sont pas exactement les mêmes.

Principe de Maintenance

La maintenance fait référence à la persistance d'une réponse apprise sur une période prolongée, même en l'absence de renforcements fréquents.

Si un chien a appris à ne pas sauter sur les gens lorsqu'il entre dans la maison, le principe de maintenance garantit que le chien continue à se comporter de manière appropriée au fil du temps, même s'il n'est pas constamment récompensé. La compétence est maintenue au fil du temps grâce à des renforcements intermittents et à des rappels occasionnels de la commande.

En résumé, la généralisation implique d'appliquer des compétences apprises à des situations similaires mais différentes, tandis que la maintenance se réfère à la persistance de ces compétences sur une période prolongée. Ces principes sont essentiels pour garantir que les comportements appris restent pertinents dans divers contextes et demeurent solides au fil du temps. En éducation canine, cela signifie que le chien peut comprendre et exécuter des commandes dans différentes situations et que ces comportements restent fiables à long terme.

Garantir la maintenance

Nous avons vu que les programmes de renforcements intermittents ancraient les comportements et évitaient que le chien ne tombe en dépendance. La variété des renforçateurs et une pratique régulière (training) du comportement cible aident fortement à un apprentissage durable. Les renforçateurs secondaires (sociaux, compliments, flatteries etc) entretiennent le comportement. Enfin, soyez patient et cohérent dans votre approche. Évitez de réprimander le chien pour un comportement qu'il a bien appris simplement parce qu'il ne le fait pas immédiatement. La cohérence dans les attentes et les réactions contribue à maintenir un comportement stable.

NOTIONS D'AFFECT

En comportement, la notion d'affect fait référence à l'aspect émotionnel ou affectif d'un individu. C'est la façon dont une personne ou un animal ressent ou réagit émotionnellement à une situation, un stimulus ou une expérience. En psychologie, l'affect englobe deux idées que sont valence et arousal. Ces mots sont souvent utilisés pour décrire différents aspects des expériences émotionnelles.

Affect

Il fait référence à l'expérience subjective de l'état émotionnel général d'une personne à un moment donné. C'est un terme plus large qui englobe l'ensemble des expériences émotionnelles, qu'elles soient positives, négatives ou neutres. L'affect peut varier en intensité et en durée, et il peut être influencé par divers facteurs tels que le contexte, les pensées et les expériences.

Valence

La valence se réfère à la direction positive, né-gative ou neutre d'une émotion ou d'un état affectif. Elle indique si une émotion est perçue comme agréable (positive), désagréable (négative) ou neutre. Par exemple, la joie a une valence positive, la tristesse a une valence négative, tandis que la neutralité a une valence neutre bien évidemment.

Arousal

L'arousal représente l'intensité ou l'énergie asso-ciée à une émotion ou à un état affectif. Cela peut va-rier de faible à élevé. Une émotion ou un état avec un niveau élevé d'arousal est souvent perçu comme in-tense, énergique ou excitant, tandis qu'un niveau bas d'arousal est associé à une expérience plus calme ou apaisante. La colère est par exemple souvent associée à un niveau élevé d'arousal, tandis que la détente peut être associée à un niveau bas d'arousal.

En résumé, l'affect parle de l'ensemble des expé-riences émotionnelles, la valence indique la direction positive, négative ou neutre de ces émotions, et l'arou-sal mesure l'intensité ou l'énergie associée à ces émo-tions. Ces concepts aident les chercheurs et les professionnels de la santé mentale, mais aussi les vétérinaires comportementalistes à décrire et à comprendre les nuances des expériences émotionnelles.

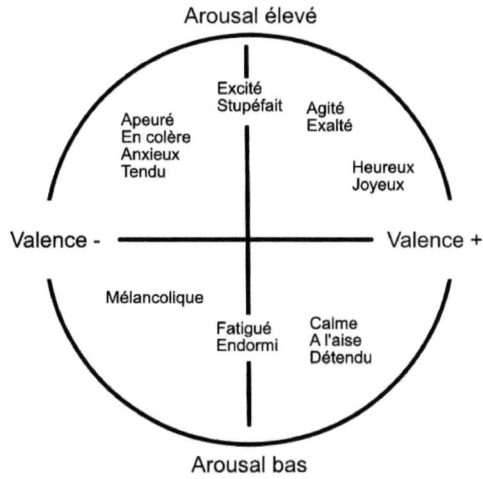

LES ÉMOTIONS

Il faudrait clairement plusieurs livres pour débattre des émotions, dans la mesure où, si tout le monde s'accorde sur le fait qu'elles existent, peu de gens sont d'accord sur ce qu'elles sont exactement. Je prends ici le parti d'évoquer les travaux de Lisa Feldman Barret parce qu'ils offrent des perspectives nouvelles. Le lecteur me suivra ou non dans ce choix. Si c'est le cas, il sera inspiré de lire « How emotions are made ». Lisa Feldman Barrett est psychologue, de nationalité américaine. C'est une chercheuse réputée qui a développé la théorie de la construction conceptuelle des émotions. Selon cette théorie, les émotions ne sont pas des entités innées ou universelles avec des caractéristiques biologiques distinctes, mais plutôt des constructions mentales influencées par la culture, l'apprentissage et les expériences individuelles. En somme, les émotions ne seraient pas universelles, comme on nous l'enseigne depuis des années. LFB soutient que les émotions ne sont pas prédéfinies dans le cerveau, mais qu'elles sont plutôt construites par le cerveau en fonction du contexte, des expériences passées.

CONCLUSION

Au-delà des procédures retracées dans ce court mémento, il appartient au comportementaliste de se tenir informé des différentes recherches menées sur le comportement et l'apprentissage, ainsi que sur le rôle des émotions et du cerveau lors des apprentissages. L'approche neuroscientifique ouvre sur de nouvelles pistes pour améliorer les conditions d'apprentissages.

Nous sommes nés dans des sociétés où l'usage de la punition est (trop) courant et trop rapidement mis en œuvre. C'est l'une des raisons pour lesquelles, nous y avons recours aussi facilement.

Avec un peu de chance, ce livret ouvrira sur les pistes découvertes par nos prédécesseurs pour enseigner plutôt que corriger.

LEXIQUE

- ABC du comportement:

- Acronyme anglais pour Antecedents, Behavior, Consequences. L'ABC ouvre la porte à l'Analyse Fonctionnelle.

- Analyse du Comportement Appliquée (ABA) :

- Méthode scientifique pour comprendre et modifier le comportement, en se basant sur les principes du renforcement et de la punition.

- Analyse Fonctionnelle :

- Il s'agit d'une procédure d'évaluation qui vise à comprendre les fonctions ou les raisons sous-jacentes du comportement d'une personne. L'objectif principal est d'identifier pourquoi un comportement spécifique se produit, quelles conséquences et quelle fonction il a pour l'individu, afin de pouvoir développer des interventions ciblées.

- Antécédent :

- Événement ou stimulus qui précède un comportement et qui peut influencer sa probabilité d'occurrence.

- Affect :

- En analyse du comportement appliquée (ABA), le terme "affect" se réfère généralement à l'expression émotionnelle ou à l'état émotionnel d'une personne.

Arousal :

- Le terme "arousal" fait référence au niveau d'activation ou d'éveil d'un individu. L'arousal peut être mesuré sur un continuum, allant d'un état de faible activation (par exemple, somnolent, apathique) à un état de forte activation (par exemple, alerte, excité).

- Background :

- En Analyse Fonctionnelle, le Background relate les événements passés et éclairants. Les événements proches sont présents dans les Antécédents.

- Behaviorisme :

- Approche psychologique qui se concentre sur l'étude du comportement observable et mesurable.

- Changement de Comportement :

- Objectif principal de l'ABA, visant à modifier ou enseigner un comportement spécifique.

- Conditionnement Classique :

- Processus d'apprentissage associatif où un stimulus neutre acquiert une réponse en étant associé à un stimulus inconditionnel.

- Conditionnement Opérant :

- Processus d'apprentissage basé sur les conséquences d'un comportement, impliquant le renforcement et la punition.

- Conséquence :

- En analyse du comportement appliquée (ABA), le terme "conséquences" fait référence aux événements qui suivent immédiatement un comportement particulier et qui ont un impact sur la probabilité future de ce comportement. Les conséquences peuvent être classées en deux catégories principales : les renforçateurs et les punisseurs.

- Échantillonnage de Comportement :

-    Collecte systématique de données comportementales pour évaluer les schémas et les tendances.

- Échelle des Attentes :

- Série d'étapes graduelles pour enseigner un comportement complexe en récompensant les progrès successifs.

- Estompage :

- L'estompage est une technique utilisée pour progressivement réduire la dépendance d'un individu à une aide (guidance), afin de favoriser l'indépendance dans l'exécution d'un comportement cible.

- Extinction :

- L'extinction se réfère à une procédure dans laquelle la réponse à un comportement est modifiée en cessant de fournir la conséquence qui avait l'habitude de suivre ce comportement. En d'autres termes, on élimine le renforcement pour conduire à une diminution de la fréquence ou de l'intensité de ce comportement au fil du temps.

- Façon de Procéder Progressive :

- Introduction graduelle des éléments d'une tâche pour faciliter l'apprentissage.

- Fading :

- Voir extinction.

- Guidance :

- Support physique, tactile, gestuel, verbal ou environnemental visant à aider une personne à produire un comportement.

- Intervalles :

- Le terme "intervalles" fait référence à des périodes spécifiques de temps. Les intervalles sont utilisés pour mesurer et enregistrer des occurrences de comportements ou les apparitions des éléments renforçateurs. Intervalles fixes ou variables.

- Intervenant :

- Personne qui met en œuvre les principes de l'ABA pour enseigner ou modifier un comportement.

- Itinéraire d'Échantillonnage :

- Observation planifiée d'un comportement dans des contextes spécifiques pour obtenir une image complète.

- Maintien du Comportement :

- Capacité à maintenir un comportement appris dans différentes situations et au fil du temps.

- Modelage :

- Technique d'enseignement où un comportement est démontré pour encourager sa reproduction.

- Punition :

- Application d'un stimulus désagréable pour diminuer la probabilité d'occurrence d'un comportement.

- Programme d'Éducation Individualisé (PEI) :

- Plan personnalisé pour guider l'éducation d'une personne, souvent utilisé dans le contexte de l'ABA.

- Ratio :

- Le terme "ratio" est utilisé pour décrire les relations entre les réponses et les renforçateurs dans le cadre de l'apprentissage. Ratio fixe ou variable.

- Renforcement :

- Application d'un stimulus agréable pour augmenter la probabilité d'occurrence d'un comportement.

- Réponse Conditionnée :

- Réponse apprise ou conditionnée à un stimulus spécifique.

- Résurgence :

- La résurgence, dans le domaine de l'analyse du comportement, fait référence à la réapparition d'un comportement précédemment éteint après une période d'absence ou de suppression.

- Stimulus :

- Événement ou objet dans l'environnement qui peut influencer le comportement.

- Shaping :

- Façonnage progressif d'un comportement en renforçant des approximations successives.

- Thérapie Comportementale :

- Utilisation des principes de l'ABA pour traiter les troubles du comportement.

- Valence :

- Le terme "valence" est utilisé dans plusieurs domaines, y compris la psychologie et les sciences cognitives, pour décrire l'attractivité émotionnelle ou l'évaluation positive ou négative d'un stimulus, d'un objet, d'un événement ou d'une situation par un individu. En d'autres termes, la valence représente la dimension positive ou négative d'une expérience émotionnelle.

L'auteur :

Olivier Lhote enseigne le comportement et le training animal pour le compte de la société EFECC.

Il est l'auteur de « le chien au macroscope », *une approche systémique du comportement canin* en vente sur Amazon.

L'auteur est joignable par mail :

olivier@chienpluriel.fr

sites :

https://chienpluriel.fr

https://weekendchien.fr/

Le lecteur pourra également naviguer sur le site **www.efecc.fr** où il découvrira les modules enseignés par l'auteur, ainsi que ceux enseignés par **Aurélie Gay et Joffrey Andrieu, tous deux excellents éducateurs, comportementalistes et formateurs.**